JN408784

저, 몸 달음

저, 몸 달음

김인태 다섯 번째 시집

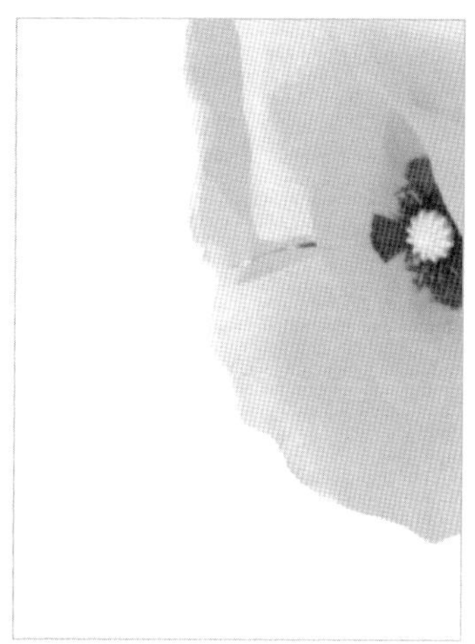

해암

| 서시序詩 |

짜깍짜깍 초침이
제자리를 찾아가는 지하철 속,
치근대는 가방끈에 의지한 채
혹시 빈자리가 있나, 쭉~
서로를 바라보는 눈빛은
형형한 아침 눈빛이 아닌
저녁 빛, 모두 그렇다

화려한 갈채 속 존재,
그 자체였던 시절은
무게가 넘쳐 흘렀고
흉물스럽게 시든 뒤태에
웬 체머리 질일까
앞뒤태가 나란히 눈썹이 맞닿은
어질 머리 삽화가
귀지처럼 따라붙는 이 시간에도
숱한 아픔을
하나 더 세게 박아놓는 과정일까,
숨넘어가게

『저, 몸 달음』을 탈고하면서,

2015년 초하, 氷心房에서

시인 김 인 태

| 차례 |

1_야상곡

2_가을 이야기

3_바람의 깃

4_가을이 첫잠을 잘 때

5_ 재깍재깍 보채는 바람

1
야상곡

다랑논

가파른 언덕 위로 숨차게 휘감은
여름이 멈춰선 어느 날
거미줄 친 하늘에
목살 잡혀 대롱거리며
딱 벌어진 입
종일 쪼그리고 앉은
노파의 얼굴로
구름을 원망할 때도 있지만
물안개 일군
논두렁 너머
철철 넘친 물꼬 아침 인사는
굶지 않았는가,
걱정스럽게 서로서로가 건넨다

몽돌

까탈스런 모 하나 없이 나뒹굴고 있는 킬링필드다
시푸른 색깔만 봐도 어지럽게 깎아대는 아픔
무게에 여염치 않아 포개고 엉킨 채
부라려 맞서고 싶은 죽음보다 가벼운 비늘들
단체로 달군 몸통
필생의 사투로 스러지듯 내린 친 파도가
뒤집혀도 혼란스럽지 않다
죽었다 깨어나 비스듬히 누워 있을 뿐
멀겋게 바라보는 껴입은 침묵
알듯 모를 듯 발목에 걸친 모시옷 벗는 소리가
세월로 긁어대니 개개인에 물어도 대답은 하나

봄, 소묘
– 매화

눈 잣대로 미뤄다
봄 한복판
툭 떨어진 계절의 반란,
단발머리 봉긋이 걸터앉은 가지에
탭댄스로 훑고 있는
느긋한 바람이
힐끔힐끔 나를 구경하고 있다

오두방정 떨며 줄줄이 널려있는 개짐
선명한 얼룩에 묻힌
팝과 클래식의
경계를 허문 아다지오
옆구리를 긁고 있는 수다가
옴처럼 붙어
시간의 깊이를 드러낸 저마다
솟구친 성깔머리
달 짝한 카타르시스에 있고
팔분음표가 등 따라 춘다

가을, 그 여운

짧았던 한때 기대었다 떠난 지금
껴입은 밤이 시려 옵니다.

산 꼬리 따라 싸돌아다니다
늦은 엽서 따라 찾아온 사향 냄새가
후드득 뒤지고 있어,
등이라도 기대고 싶은
바람둥이
잊자 하다가도
치밀어 오르는 끄나풀 따라
벅벅 긁어대는 호들갑
곁에 있어도 허전한 이 계절,
나더러 어쩌자고

낙엽

한때, 하늘에다 삿대질로
자리하며 머물었다는 사실,
시간이 뒷걸음 칠 때마다
투덜대는 소리가 더한 가을비
후드득 토해내고 있다
밟히고 밟혀도 질긴 바람이
아직도 잎자루에 붙은 여름을
놔둘 줄 모르고 있네,
서늘한 갈참나무 손바닥
무더기무더기
무안한 빛으로 내동이 치쳤다

첫눈

눈 내린다고,
이른 아침에 한 통의 문자를 받고
창밖을 보니 진눈개비가 내리고 있다
흐릿한 소묘 한 점, 한 도시가 액자 속에
종일 누운 사색이
모처럼 썰매를 탄다
스친 인연이 돌아온다고
들뜬 환호 속
사뿐히 내리는 그 기분
그냥 덮고 넘어가길 바라는
미안한 눈
아리한 추억 속으로 걸어간 발자국
처음부터 보기는 글렀다, 해운대에선

진달래

보기만 해도 취기가 도진다,

풍성하게 차린 대궁 속으로
햇살로 행군 홍안을
힐끔힐끔 건드리는 바람이
잔을 연방 비워댄다
캬~ 색시 닮은
아늑한 봄 냄새이어

낙화

화사한 봄날,
막 시근이 든 꽃잎에서
풍선 같은 여자
내음이 난다

꽃은
봄을 껴입고
한잎 두잎
낮은 몸짓으로
포르르 웃고 있는
저것 좀 봐
수다들
정말 곱다, 고와

윤슬

미동도 없이 가지런히 엎드린
민낯의 저림
한동안 품었던 강물에
이마를 부빈
부나비가
육신을 탈탈 털어대는
애잔한 날갯짓으로
옷고름을 풀고 있다

목련

춘설 바람에 찢길까
날개를 움츠린 채
떼 지어 핀 봄은
봉긋이 웃고 있지만
먹구름만 봐도 묻을까
재채기로 탈탈 털고 있는
바람 난 수녀
솔깃한 봄볕의 몸짓으로
하르르 하르르
나약한 봄을
접었다 폈다 한, 나비였으니

감꽃

이른 아침 뒤뜰엔
새벽이슬로 헹군
포동포동한 초여름
하얀 목덜미로
고스란히 내려놓은
말씀이
언제나 별을 닮은
평화로움이 가득하다

봄, 기다림 1

이때쯤
가끔은 분간키 어렵게 스치는 이명
문득 끄집어내어 보면
포근함이 안겨와
행간을 베고 누운 햇살 꽁지로
가슴을 쓸며
홀로 서지 못할 간절한 목마름이
비집고 들어앉아 있는 뇌리에
아름다운 슬픔이 때론
위안처럼 쫘오는 말랑한 씨앗이
입춘 문틈으로 삐쭉 내밀고 있네

봄, 기다림 2

호주머니를 찔려보는 초조함은
첫사랑 아닐지라도
듣기도 전에
어깨를 감싼
겨울의 체온이 내속에서
쫑긋이 귀 세워
먼저 들어 보는 마음을
알기는 할까
찬 바다를 찢으며 찾아 올 훈훈한 바람아

눈 내리는 밤에

사랑은 유치해야 맛이 있고
쫓겨 살아야 사는 맛이 있듯이
난무한 애무로 굽실거리며
소리 없이 저지른 파문
불끈불끈 음습해 오는 겨울을
뒤집어쓴 바람의 생 몸살,
내리감는 음흉한 눈까풀
밤새도록 엎칠락 뒤칠락한 수작이 훑는
댓잎 소리가
희붐한 마당에
고백같이 눕히고 있다

산수유

이른 봄이
산줄기 따라 백두대간을 이룬다

삭풍으로 떨게 했던 겨울이
얼마나 고통스러웠을까
우악스럽지도 비급하지 않은 영혼들
여기저기 놀란 얼굴 들 좀 보소,
옷고름 푼 채 아우성치는 저 속살들
몇 차례 내린 진눈깨비에도
몸을 질척이며 피어난
가냘픈 끈기
결 고운 무언의 고백이 정말 곱구나
겨우내 넘기지 못할 속병이
깊었다는 말만 하지 않았으면

창호지 문

비딱한 가난이
오금 짝 편 해파리

상징처럼 달라붙은 눈 유리로
배꼼 내다보는 밖은
고무줄 뛰는 소녀들의 환청이
들락거렸지만
어금니를 꽉 문 채
희붐한 새벽 담을 기어오른
겨울이 질책으로 훑아도
뱃심으로 버틴 미련한 천직

야상곡

먼발치 가물거린 불빛을 보면서
목덜미로 스며드는
달싹거린 입질
꽃잎 피는 먼 기억이
떴다, 감았다 한
열대야의 밤
비를 털어낸 달은
머루처럼 애만 태웠지
탄성을 잃은 거미줄을 쪼고 있는 바람
갈꽃 음표에 낮게 빗어대는
안단테,
안단테 여운은 깊게 흐르고 있으니

폭설

쭈뼛쭈뼛한 소름으로 쌓인다,

오만하게 빗어대는
너를 보면서
정량으로 채워야 할 가슴에
느끼지 못했던 여백의 무게만
가득 찬 저림
짓누른 시간 속 깊이 묻어 두었던
그 무엇이 주체할 수 없어
삭막한 도심을 눕힌 채
예리한 각을 세운 하얀 바람이
연방연방 피워 대는 절규

2
가을 이야기

바람의 언덕

봄은 여유를 해산한 듯
경쟁처럼 바다에 벗어 댄다,

까칠한 신음을 토해낸 허기가
끌고 와,
아직도 식지 않은
초침을 밟으며
말라가는 네를 어찌 잊겠나,
서녘 비스듬히 비친 그리움으로
긁어대는 해조의 울음이
바다를 업고 비벼댄 곳에
아스라이 시들지라도
머물었던 시간이 앓다가, 앓다가
눈빛만은 이곳에
눕히고 있을 거다, 저 바람처럼

---

*바람의 언덕 : 거제도 해금강입구 소재

해넘이

헤프게 타는 구름 사이로
뭔 잘못이 그렇게 많건대
주섬주섬 담아대는 침묵은
구구한 설명도 없이
입 다물고
두 손을 치켜세운다,
침 한 번 삼키면
툭 떨어진 목젖 일건대
쩍 벌린 심해에 붙은
붉은 눈가에
작열한 빛을 보면서
내일이 궁금한 등을 긁어 대며
무조건 경배하란다

겨울, 여백
- 눈

갈잎 같은 여자 손에 끌려가는
장바구니에 담긴 파 한 묶음,
빳빳한 향이 돋아나
동공은 가끔 먼 산을 훑어본다,
봄이 왔는지-

일 년 내내 가려운 곳을
긁어 준 쉼터
사타구니를 꼭 잡고 있을 지금,
오락가락한 학이
휘갈겨 대는 저 글씨가
풍경을 채워줄 때가 더러 있다

가을을 탄다

한낮 뙤약볕에 누운
늙은 호박
배를 드러낸
밭 언덕배기로
하나둘 바람이 불러낸
잎사귀들
시월의 꼭지를 빨며
젖은 발을 말리고 있다.
못난 놈
돌아서는 저녁나절
살 냄새에
모닥불 또 지피겠네,

일출

봉긋한 가슴이 바다에 걸터앉아
옷고름을 풀고 있다,

적요하게 품었던 몇 만의 광년을
단숨에 토해 낸 속살이
녹아내리듯
유난히 조심스러운 몸짓으로
발끝 바람이 구름 한 점 끌고 와
난실 하니 들켜버린 뒷물
저 수줍음을-. 눈을 식힐 수 없어

꽃샘소식 1

잔설에 묻힌 봄 위로 열꽃이 피고 있다,

잠잠했던 겨우내
가난한 나뭇가지 위에
짧은 꿈이 아쉬워 뒤척이는
은어 빛은 어쩌지 못하니

고분거린 버들개지
붉은 눈시울에
형형한 빛이 여간 떨떨해

들어낸 겨울자리로
탱탱한 살갗이 기대어도 좋을 바람,
초경 때문일까

꽃샘소식 2

풀린 햇살이 봄 문턱에
지천으로 내리깔릴 즈음
분별없이 쌓였던 눈
바람처럼 얇아진 수다로 불쑥 나온
먼 산 아지랑이
진탕 퍼마신 긴 겨울로 재운
시퍼런 속내의 반란
삼동을 숨어 지낸 귀때기가
불끈불끈 드러낸 앳된 몸짓으로
잔기침 하며 기다렸다는 듯이…

입소문이 허드레지게 필
그때는 어쩌지요

메뚜기

맑고 찬 상생의 눈
새벽이슬 밭으로
천직이 넘나들던
잰걸음은
톡 쏘는 혓바늘이었으니

쇠잔한 짚 색깔로 변한
가을날
졸음으로 버틴 석양이
꼰 다리로 세우고
날름날름 핥고 있는 보름달

하회탈

호통 치는 북소리에
구시렁대며 처든
민대가리 개구리 춤
누가 알까
콩닥콩닥 저 속앓이,

강물에 갇힌 보름달
몸 닮은 것
좀 보소,
바람 따라
비실비실 웃기도 한다

함박눈

내리 꼬치는 비명이
가로등 아래 실타래를 푸듯이
밤을 돌린 사이키,

한해도 덜 여물어
흔하게 남발하는 일탈로
쪼고 있는 이 시간에도
아직 모를 일이야
방황하는 바람 추임새 맞춰
무등 태워 겨울을 소비하던 날
정신없이
천지에다 풀어 놓는 화답

향수

들기름 장판지에 길들어진 등짝,

길지도 않은 그곳에 삶은
연연한 깊이는
무시로 들락거린 벽이었지만
머문 듯 흘러와
어둠을 살피는 가로등이 되어
살 속을 뒤지고 있다

동짓달 긴긴 밤 타고 내린 촛농이
고스란히 남아 있는
등잔에
검게 탄 무게로 덜미 잡혀

오월, 에스프레소

두견화 툴툴 털고 떠난 자리에
헤집힌 봄의 반란이
역력하지만
겹겹이 갈아입은 나뭇가지를
지그시 긁는
풋풋한 바람 소리
언제나 첫사랑 같았지

푸드덕 대는 철부지가
퐁당퐁당 가라앉은 자리로
쉽게 드러내지 못한 답답함
먼 시간이
아직도 지키고 있는 마음 하나
갈잎 같은 어머니 손
쓰다듬던 목덜미는
이제 장대비 그친 산길이 되어

유월 곁에서

짙은 녹음이 폭신한 햇볕을 깐 한때가
기댄 채
볼을 콕 질러준 그 손끝이
나를 뒤지고 있어
스친 곳,
잊은 곳,

해금강 너울 위로 발그레 핀 저 꽃
한 뼘 쏘옥 들어오는데
경계를 허무는 파도 따라
쉼 없이 돌아가는 풍력 날개는
주체할 수 없는 그리움이 자맥질하더라

여름 같은 입술로 단장한 꽃은
속 깊이 담아두었던 연가로
살랑거린 바람을 물고 거닐지만
볼 비빈 내음은 아직도 수줍더라

민낯

그리움이란 고드름 같은 존재,

치근대며
햇살을 비낀 강 언저리에서
아파한다
밤새워 소등한 무거운 집들
맨살로 진탕 퍼마신
원초적 사랑
필요한 게 외로움뿐,
어깨 기대어 올망졸망 눈 맞추며
그렇게 살고 싶을 것이다
그게 아니라면 하곤
창문 너머로
우려내고 또 달이고 있으니

담쟁이

가끔은 술 취한 난봉꾼의 실례에도
외면하지 않았다
사는 게 별것 아니지만
막막했던 슬픈 방향에
강직한 직선을 피했다

힘들 때 등을 밀어주던
가득한 바람이 법석을 떨며
어깨를 맞추어 가는
가냘픈 운명이 벽을 움켜쥐게 했다
살아야 한다고,
한 뼘 한 뼘
오금을 펼 때마다 환청이
우-우- 돋아나는 판화 한 폭,

가을 이야기 1

가을이 오면 떠나지 못한 것들만
뜰을 지킬 것이다,

바지랑대 위에
처연히 떨군 잠자리 맑은 날개 속으로
낮잠이 부셔온 나절
햇볕이 따갑게 널린 그늘을
말아 갈 자리에
고추 목가지 고여 있는 여름이
시름시름
이야기로 남은 몸살로
덮어 준 흔적도
지나고 보면 실망만이 돋보인
일이고 보니, 참 많이도 엇나갔다

가을 이야기 2

가슴에 시너를 뿌리고 지필 불꽃,

스산한 시월 바람에
움츠린 이파리
몸에 밴 의식으로
껴입은 자유를 만끽한
야심한 시간에
손대면 가지런히 눕던
한편의 글도
건지지도 추리지도 못해
밤이랑 손끝에 이끌려
헤집기 몇 번이었던가
담 아래 흐르는 귀뚜리도
질펀한 내 마음을 얻고자
밤새도록 나눌 정담,
이제부터 시작이라네

가을 이야기 3

색동저고리 매무새로
찾아온 여인아
시스루 드리워진 너머로
첫 경험 뒷물 비치니
몸살 날 지경

기러기 입덧 소리
대중없이 깨물어 대는 일탈로
기억을 뒤져 보지만
끝내 수다로 내동댕이쳤다

가을 이야기 4

가뭇없이 피었던 해당화도
시든 지금,
생화 보다 미련이 더 남은
마른 향이
콧등을 만지며 둥둥거린
꽃 진 자리에
여울목이 한 땀씩 터져 비치는
서쪽 하늘 발정을 보며
네 손목 두고
그 모습만 새겨 왔다는 걸
가만히 두지 않는다

가을 이야기 5

바람 소리가 자꾸 파고드네요,

늘 상 시퍼렇게 소리치던
나무들의 입살
떨어지지 않아도
가을빛이 비쳐오면
영혼보다 가벼운 무게를
먼저 놓아 버릴 가지가
제 때를 아는지
아무리 감춰도
노을 한 짝 더 거드는데
이 계절을 베고 누운 생각
지금 아프다고 말하렵니다

3
바람의 깃

늘 빈손이었지만

햇살 지그시 문 여름의 아쉬움,
꽃이 채 지기도 전에 말라버린 아쉬움이
오한처럼 붙은, 가을
글쎄 금방이라도
툭툭 떨어질 각질이 눈에 밟힌다
이름값이라도 몸에 가두고
끝까지 버틴
볼 붉힌 감은 계절을 포옹한 채
엄지를 치켜세운 가지
살아보니 별것 아닌 세상
무디어 보라고보라고,

늦가을

붉은 함성이 동반한 시월 끝자락을
털어내고 나서야 비로소
나뭇가지는 홀가분한 바람과 함께
사색하는 거리의 입살들
휘청거리는 도심 속으로
허망한 눈빛이
허기를 추스른 저녁나절 푸석한
한 줌의 그리움이 깊어가는 지금,
잠을 청하지 못해 창밖에서
대신 삭히던 바람
몇 밤을 울더니
나보다 더 고독하게 길을 나서고 있네…….

꼭 이때쯤에

바람, 그 여운

찾는 이 없었던 계절이 가고 있을 즈음
속 좁은 문풍지로 환청이 들고 일어난다
무서리가 내리던 날
별빛이 헹군 밤하늘에
부나비가 되어 수를 놓았지,
꽃샘바람 속 간간이 자유롭던 시간을
어림푸시 묻어두었던 몸살이
고스란히 누운 자리로
잔설이 벅벅 긁다 떨어질 즈음
봄이 온다, 하지만
귀지처럼 버젓이 떼어 놓기란 글렀다

가을비, 에스페로스

한 때 밤이 뜨거워 가누지 못해
성가시게 뒤척였던 몸,
자궁 속으로 찬비가 내리니
가을꽃이 시든다
가슴을 허물며
거칠게 쏟아내는 몸부림
젖는 것 몸뿐인가
이제 멈칫멈칫한 황혼이
뼈가 아리도록 갉아대니
알딸딸하게 취해 하루만이라도
한없이 슬퍼지고 싶다, 너처럼

수련

답답한 친구 봤나,
산다, 못 산다는 경계에서
제 속을 다 감춘 채
드러낸 이파리만 뻰질이
남세스러워
남의 덕에 항상 얹혀
엉거주춤 거리니
치사한 낯짝만
졸음 겨운 햇살에 싱겁게 말리는
비갠 오후,
훤히 들여다보이는 화선지에
매지구름이, 동동….

파도에게

하얀 이빨을 드러내고 때도 없이
달려드는 들개무리,
향수로 치받는 저 소리가
때때로 가슴에 멍이 든다
오래전 비워두었던
미움까지 같이한 장난기가
차분히 젖은 모래밭 빗장을 풀고
치근대며 들락거렸지
저러기까지 먼 길 달려와
들이밀다 말고 또 마는 감질난 몸짓
오늘같이 좋은 날
귓불만 만지고 있으니
등살잡고 연심이라도 긁어주기라도 하지
거푸거푸 참, 보기도 딱해

시인이라고

봄 되니 여기저기에서
꽃잎 읽는 소리가 하르르하르르
나비가 되어
이 꽃 저 꽃 뒤지며
목멘 꼴 좀 보소
모이자고,
찾아오라고,
봄바람에 입술 터진 유채꽃에
기약 없이 흔들고 있는 날갯짓
꽃물에 마냥 젖기엔
훨씬 커버린 사월의 장다리라네
치사하다, 그래
영춘화 껴입은 개나리꽃이었나

바람의 깃

심층 바닥에 붙은 기억들
간간이 들춰 보면서
가을 거지가
닥치는 대로 더듬거린다
빗방울이 갈증을 태우며
구걸할 걸 찾으라 하지
야유하는 질책을 쏟아내며
추억 하나 끝내 누워버린 길바닥에
얼굴을 자꾸 뒤집고 있어
똑똑 내지르며 찾아오는
발자국의 머뭇거림,
아픔하나 더 얻어가는 새로운 인연에게
그렇게도 미안 했을까

억새

해끔한 능선 따라
허리 굽혀 기다려 준
고마운 풍경
미어진 먼빛이
답답함을 들어내지 못해
쓰러지는 빗줄기
저물도록 산등성을 베어 문
저 억척
보채며 할퀴는
바람 따라
떠나갈 즈음에도
떴다, 감았다 한 눈빛으로
그렁그렁한
빗물마저 털어대니

홍시

초조한 석양을 닮은
애잔한 눈빛으로
가을을 담아내는 삶은
익어가는 맛이 있다

마냥 빼닮은 배꼽
정삼품은 못 되어도
끈기로 매달린
보름달,
그가 누구였던가

떨떨한 맛이 있어
다실 맛이 있듯이
혀끝에 안기는 햇살 한 봉지
물컹한 심장이 이제 씹힌다

만추

순수한 몸짓으로 내리는 가을비에
은하의 무게를 단
갈꽃이여
아– 한줄기
아슴푸레한 기억들이
속속 깊게 밴 잎맥은
오래도록 마르지 않아
그래,
까닭 없이 모를 슬픔이
나를 초라하게 만들었나
등 떠밀려 제길 떠나는
그대를 보면서
어디 재촉하는 것이 바람뿐이겠나

비

종일 갈아엎고 있는 그리움이
저렇게 질척거리고 싶은 것일까
시간을 물린 채
시詩를 줄줄 긁으며
가냘픈 몸매로 기다려 볼세라
실낱같은 물길을 놓지 못한
풍진의 쓰라림 거침없는 표적,
세상을 향해 눈 잣대로 내리꽂히는
공복의 속으로 나를 구겨 넣고
납작 엎드린 채
이리저리 헤아리긴
늘 상 오리무중인 것을

시월에

떨떨한 풋감을 문 채 오두방정 떨며
지금 가을이라고 더듬거리는 말속부터
귀때기가 붉어질 때다
메밀잠자리 떠난 야윈 길 따라
함께한 발소리도 벗고
에돌아 저물 때까지 야금야금 비를 맞고 있다
짐짓
저 코스모스가
저체온 비에 쓰러지기는 하겠냐,
창백한 위로가 능청스럽게 툭툭 털며,
여름 내내 나누었던 정
꽉 찬 뱃속이 이제 몸을 풀고 싶다 한다

눈을 감고

종긋한 가을을 물고
햇살이 부들부들 떨고 있다

삶은 때때로 고장 나
스스로 검문하기 좋아한다
지난 길,
다가올 길,
함께 밝힌 질문에 무디어 보라고보라고
외롭게 살아남은 인연이
끌어안은 손등 위로
내려 깐 눈동자는
구구한 변명보다 질리도록 마주보며
자정을 넘기고 있어,
아직도 갈 길이 다른 우리는
참 멀게 걸었다
시작이 끝을 이끌고 오듯이

새벽, 바닷가에서

어둠의 허물을 벗을 즈음
먼 섬이 사뿐히 날아와 앉은 바다 위로
육중한 제 몸도 어찌할 수 없는 듯
뭉그적뭉그적 게으름 피웠던 해무도
따라 일어선다
밋밋한 몸매를 들추며
파안대소 쏟아내는 시퍼런 속내가
모래톱에 머리를 맞댄 채
개짐이 또렷한 입소문
똬리 틀고 누운 옛 생각의 환호,
토실토실한 되새김 기쁨인 것을

코스모스

늦가을 비 오는 날은
시어머니 싸늘히 비껴간 눈초리다,

조막만한 여유가 까매진 포만을 안고
환호하던 이 계절 건들건들한 허리에
매달린 기쁨을
탈탈 털어내던 가을이
내동댕이쳤다
구름 매운 손끝이
자분자분 내려앉아
하얗게 보챈다
부끄럼마저 남은 게 없는
빈 털털이 인제 그만 아프지

낙엽을 밟으며

놓기 싫었던 나뭇잎
저문 가을이 부는 날엔
더욱 몸을 떨었지
껍데기를 벗은 내가
누구였는지
살다 보며 술 처먹고 질척인 생애
미처 말하기도 전에
담았던 가슴이 흩어져
숨어버린 자리로
매달려 살아온 기억만은
물들어 갔지,

멀리서 산 꿩이 간간이 운다

불경기

초겨울 바람이 훑고 간 뒤,

나뭇가지는 몰골이 말이 아니다
이쯤 되면
빨간 글이 처질 가계부 탓에
난방 눈치를 보며
구석진 곳에 서 있는
전기장판도
부담스러울
이때,
화장실 썰렁한 소리마저
혁대를 조여 볼 일이다
홈플러스에도
바이러스가 바람을 타고
유행가처럼
양지쪽 창에다 겨울을 붙이고 있다

4
가을이 첫잠을 잘 때

봄, 고향

이곳저곳에 긁고 있는 꽃샘 따라
안달 나게 피워 문
훨훨 단신 목련은
따지지도 까닭도 캐지 않은 채
너털너털 웃고만 있다

나이테로 들여다 본 눈은
먼 마음이 닿는 곳으로
더듬더듬 짚어가는 산등성 따라
허기진 굴뚝 위로 청솔 향
모락모락 피어오른 그곳에
휴가 신청서를 내민다

꽃이 지기 전에 찾아가고 싶다고

잎사귀에 부는 바람

팔랑팔랑 나비 나래 짓
봄이 왔음을 말하듯
여름의 적도는 무풍으로
태연함을 뜸들이며
토닥거린 시간을
뿌리 없이 내 모는 바람
가을엔 뭔가 수습하지 못한
일들이 머리를 챙긴다
가까워진 하늘을 걸으면서
시시때때로 찾는 목마름
달아오른 몸을 벗겨주던
바람이 쿨럭쿨럭
계절의 각인을 지우듯
푹푹 내린 찬이슬
가지 끝 무수한 인연에 이끌려
끙끙대며 한 계절 한 계절의 존재, 긁어대며

가을이 첫잠을 잘 때

창호지가 막아버린 밤
인연은
슬픈 이별의 발톱으로
콕콕 찌르며
지새고 있을 테고
홍싸리 냄새에 취한
황홀한 만남이 즐거워
밤새워 우는 귀뚜라미도
들떠 있을 테니
물귀신 같은 바람에
마지막 남은 이파리의
애절함도
견딜 만큼 견딜 수 있다면 하고
슬그머니 손을 놓는다
자– 이제 자야겠다, 밤이 늦어서
이 말이 듣고 싶은 계절이다

소통
– 마린시티

지도에도 없었던
이곳에
어색한 이름으로 자리 잡은
*마린시티,
산보다 높은 유리벽 따라
짚어대는 손가락이 기웃대며
새벽과 키를 재고 있다

바코드 없이 출입 금지된 곳
낚은 고기를 다시 기절시켜 먹는
도요새들이 사는 곳,

막걸리 한잔 씩– 훔친 입은
겉절이 저려놓은 듯
먹이 사슬로 이룬 도심 속
군림하는 터줏대감
밀어 밀어서 꼭대기에 매달아 놨다

*마린시티 : 해운대 소재 즐비한 고층 건물로 유명한 뉴 타운

세월

오늘이란 낮과 밤이
내일의 새벽을 만난 이별은
약속처럼 조용하다
어둠에 눕고 여명을 걷어내는
일상으로 보이지만
한 계절이 떠날 때쯤이면
패인 볼을 베고 누운 숨긴 것들
어딘가로 흘러가고 있을 기억들이
짖어대는
푸석한 얼굴로
긁는 허탈감으로
돌아누워 앓고 있다

가슴에 머무는 비는

귓속으로 수런거림은 뇌리에 남아 있어,

지난가을 곁을 떠난 철새는 봄 되면
다시 온다지만
잦은 비에 똬리 튼 채
안개꽃 알갱이로 가라앉힌 머뭇거림
어느 바위틈에서 지내고 있었는지
흩어진 홀씨로 외로이 떠다니다
메인 끈 따라 먼 길 다시 돌아와
깨문 입술로 글썽하게 바라볼 뿐,
나를 뒤지고 있어, 저 갈대처럼
바람에 고분고분 짖기라도 하지
바보처럼 그대 어찌 부르리까

봄맞이

비가 윈시 혀를 차며
겨울을 뭉개고 난 자리에
사막 같은 기억을 담은
개나리는
긴 의자를 깔고 앉아
소매끝동에 듬뿍 적신 햇살로
찍어 올린 춤사위
입춘대길,
졸음 같은 깊이로 차오를 생애들
조목조목 가득 담아도
죄가 되지 않을 기다림은
냉담 했지만 어느 한순간
봄물로 지천을 이룰 것이다

기미년 만세로

바람 불어 떠나지 못하고

오가는 불빛은 이제 희미한 눈빛으로
귀가를 서두르고 있습니다
이 시간쯤 그대의 안부가 그립습니다
꽁꽁 언 강물은 아니겠지요
얼었다면 바람에 파문은 일지 않고
풍경만 두고 떠났겠지요
행복했던 시간이 또 지나갑니다
안주하지 못한 잔존한 구름은
달에 걸려 덤덤히 흔들립니다
꽃이 피던 지던 한때가
그래서 언 강물이라면 지금 흘려야 합니다
역력치 못해도 그리워할 때랍니다

그림자

지문처럼 변함없는 가벼운 등짐
자박자박 발뒤꿈치 따라
앞서거니 뒤서거니
미적거리며 걸터앉은 길에서
흔적을 말리다가
해거름에 멀리 떠나려고 한다
처음부터 설계가 잘못되었을까
자력의 요동을 멈춘
혼자만의 공사
백수처럼 산다는 것
행동마저 자유롭지 못한 갇힌 수문장이다

떡갈나무 잎
– 단풍

희끗희끗한 몸짓이 쓰러질 듯
분주하게 타고 내리는
외로움 탓일까
어차피 질 운명
참을 수 없이 드러낸 모습
바람이 되어 속절없이
경계를 태우고 있어
무시로 보는 눈을 긁어모으고 있다
궂은 날,
남은 동전마저 다 털어내고
한판 벌인 씻김굿
북소리에 맞춰 춤추는 저 무녀가
산등성을 쓸고 있네

눈꽃

그대를 본 나는 주체할 수 없는
마음이 도진다.

구름처럼 덮은 상고대
싸늘한 눈빛을 보였지
준령을 훑어 계곡으로
빛처럼 쏟아내는 춤사위에
몸을 흔들어 깨운 산은
태초, 태초로 되돌아간다고
손사래 치지만
숨결만은 물푸레 되어
봄날로 흠뻑 적시고 싶다
아직도 꺼낼 수 없는 빗장이
쪼그리고 앉아 있어
영하의 수온이 핀, 수다

가뭄

뙤약볕은 지렁이의 기억조차
벗기고 있다,

바람도 옭아맨 처진 한낮
튼 살 위로
달달 볶는 가마솥
푸석한 떼구름 원망
곤두선 머리는
이참에 뿌리라도 뽑자고
우당탕 열길 우물 속으로
두레박 던지는 애탄 입술로
마음이 상할 만큼 갈라놓는다

수숫대

가을비가 낙엽을 훑는 날엔
홈플러스 식당가로 내 손목을 이끈다

하얀 뇌가 머그잔에 빠져 앉은 지도
꽤 시간이 지났건만
촘촘한 배식구를 보면서
초조하게 기다려야 할 것이다, 몇 년 더

나이만큼 힘겨운 대문을 열면
환하게 맞이하는 불빛의 끈이
슬슬 풀려나는
가장의 영역은
달리 비유할 수 없는 미련한 헛기침

가을 소묘 1

가을비 내린 후 초조한 빛 노랗다 못해
붉게 타고 있는 산이 있어
가을이 좋다

잔존한 날벌레 찾아드는 전등불 아래
끈적끈적 다리 긁으며 소식 뜸했던 친구와
도란도란 피우고 싶은 생각이 있어
가을이 좋다

낙엽소리도
맑은 물소리도
철새 울음소리도
짜릿한 가슴에 엄습해 오는
애잔한 시간들이
깊은 밤 속으로
묻혀가는 맛이 있어 가을이 더욱 좋다

가을 소묘 2

먼발치 풍경을 신고
같이 걷길 좋아 하는 바다의
갇힌 마음 더욱 들떠 할 것이다

가슴을 치고 있는
바다를 훑으며
발끝을 세우고 겁탈할 해무가
원시로 다가온다

허겁지겁 정조를 풀어 헤친 하얀 바람
촉촉이 젖어오는 가을비에
억새는 울었을 것이다, 속울음으로

집착

말라가는 가슴 조이며
눕고 있는 낭만이
자꾸만 전화기를
만지작거리고 있다
기다리다 못해 쿡쿡 눌려본다
그러나 신호만 가고 있네
미아처럼 부하뇌동으로
머물고 있는지
며칠 사이 뜸해 걱정스러웠다
저녁 무렵 스산한 바람에
묻힐 지라도
방황하진 않을 그대를
나는 믿고 싶다
오늘따라 내 몸을
참꽃이 온통 덮고 있다

비는 사랑을 낳고
– 가을비

아침술에 취한 얼굴로
*춘천천이 바다와 몸을 섞고 있다
질퍽한 사투리 썩여가면서
기다렸다는 듯이
성급하게 곁에 누워
엎치락뒤치락
장마 같은 가을비 때문일까
여름 목이 고여 있는
짠한 바다에 밤새운 무거운 어깨가
출렁거리며
뉘에게 뒤질세라
염체 없이 붉은 사랑을 넘고 있네,
애탄 갈증이

---

*춘천천 : 해운대 소재 장산에서 수영만으로 흐르는 하천
(복개로 알려지지 않고 있어)

다짐

여름이 타들어 간다,

착각과 오만
미안한 눈빛은
어쩌다 시를 쓰는 사람으로
금방이라도 투두둑 떨어질 것 같은
한 줄금 소나기가
바지를 걷고 나올까
목을 삐딱하게 뺀 채 서성댔지
부질없는 허울뿐 이라고,
본능이 가슴을 치며
어둠에 빛을 묻는 무딘 심화
빈 병만 자꾸 늘어나도 맨송맨송
울컥 내뱉는 목울대
시쳇말로,
"술잔을 높이 들고" 위하여, 네 형님!
자꾸만 다그치는 싹,
으샤으샤 기어오른 조용한 반란

5
재깍재깍 보채는 바람

초승달

차오르는 복부를 보면서,

서녘을 베어 문
한 뼘보다 작은 부위가
홀리는 눈빛을 보면서
길 가던 사람들은
발길을 재촉 하지만
기웃거린 꺼벙이 눈까풀은
알맞은 구름을 베고 누운
한때의 길이 들고 일어나
개 짖는 소리가
귀띔이라도 하듯
칠흑에 붙은 쫑긋한 눈썹이
오늘도 내일도 입덧이 도진다

가을과 가을이 걷는다

태풍과 함께 구월 비가 내렸다
성당에 갈려고 신발을 보니
여름 신발 밖에 없어 성당이 퍽 멀게 보인다
목마름이 있는 여름도 아니고
채워 넣을 저수지도 없는데
떠나가는 여름 뒷모습의 치사한 눈물이었을까

십일월 되면 산하가 다르게 변한다.
단풍놀이 가본 적 없이 지내다 보니
가을이 겨룰 시간도 없이 나무가 헐거워
금세 옷을 벗어 던질 것 같은 생존의 처절함이 쌓여 가는
그들의 존재감은 사람보다 더 성숙해져 간다

며칠 사이에 앉으면 잠이 온다
버릇이 된 시간이 평화롭기만 해서
시와 함께 바다를 태워
하이네를 가르며 손에 만져지는
허전함이

가끔 마주치면 아는 체하는 여자를
나는 가을 여자라고 부르며 맞이한다

재깍재깍 보채는 바람

가을비 묻은 가랑잎
새벽잠 추위에 깨어보면 먼동이 틀 때라지만,

병원 문을 들어서자 침대에서 꼿꼿이 앉아있는
생명의 의지력 한계가 등 쪽이 기웃 뚱하다
체지 못할 곁눈질로 건네자
딱딱한 석고상을 스케치한 자국이
평상의 모습으로 다가와 내 속으로부터
그렇게도 보고 싶었지
투명한 고요가 가까웠다가
점점 퇴색되어가는 눈빛은
먼 길을 떠나려는 순간을 멈추고 간간이 몰아쉬면서
또록또록 한마디씩 던지는 목소리
할 말이 많았는데, 많았는데
소멸한 기억을 다그치며 호흡기를 잇듯이
끊어졌던 한때를 이어 보려는 몸부림,
밤새도록 앉은 채 그렇게 나를 기다렸는지도
모를 일이다

창밖에 비친 구름에 뒷짐을 당기며
마지막이 될 것 같아 등을 만지란다.
한 칸 한 칸 짚어 토닥거리는 빗방울은
허물어지면서도 칠흑같이 보이지 않을
친구 곁에서 갈라지는 음성이 같이 쓰러진다

비 오는 날엔 그리움이 씨앗이 되어

뒷걸음질 치던 파도는 왜 갑자기 달려드는지,

인연의 아픈 상처가 심층을 훑으며
부르고 있는 소리가 있어
일처럼 쳐다보던 날
낡은 구두 뒤축처럼
흉물로 남은 흔적들이
내재한 요동으로 창을 덮어버린
눈물일 줄이야
고질병 앓고 있는 미련함
석양의 꽃
붉은 향이 폴폴 날린
극치의 쾌감
말랑한 씨앗 하나 돋아난다, 이제

삶 한 해가 저물어 가는 여기

하루를 남겨 놓은 한 해
가던 길을 지워버린
어둠의 무게가 짓누른
이파리의 퇴색된 아련함
파릇한 꽃 향으로
문지르고 싶었던
겨울의 삭정이들
산하에 묻혀버린 영혼이
사각거린 눈발로
태어날 수밖에 없던 회한
산그늘 얕은 생각 하나 들고 나왔다.
왜 서둘렀는지
존재한다는 이유로

민들레

동안거 풀린 파릇한 성깔들
늘 빈손으로 달려온 하루하루
그마저 무거웠던지
속이 비었다
체면 없이 넘보는 바람
가슴에 담아 누운 봄날에
쓴 목숨 우려낼 풍문에 베인
까까머리가
남루한 박제되어
허물어지기만을 기다리는 이승
어느 천지에 너를 풀어 놓겠는가
불어라, 바람아
버릇처럼 등짐지고
가벼이, 가벼이 소 웃음 치듯
얼핏얼핏 저마다의 길로
무수한 수채화가 푸우-,

쏟아내는 쑥대머리 한마당

가을, 이제 묻어두련다

말라가는 샛강을 보면서
강풀을 잡고 비틀대는 몸짓
타다 남은 불씨 하나 강가에서 되울림,
삶의 의식에 밴 쓸쓸한 재미도 있었지만
떠나지 못한 *마름가시 하나
강바닥에 깊숙이 묻어두고 떠납니다
무엇이 그리움이었는지
영원하다고 그렇게 믿고 싶었지만
왜성으로 변해가는 하현달
더는 더 태울 수 없듯이
잊을 수도 없는 것들조차
그곳에 머물 수 없다는 것 알았습니다
소슬바람이 수수 밭고랑 따라
어깨를 툭툭 치며
저지른 파문만 일렁거립니다

---

*마름가시 : 마름 또는 물 밤이라고도 한다.

유엔공원에서

어눌한 날씨 탓일까
고사리 손을 잡고 잡다한 웃음으로
찾아오던 아낙네도
철 늦은 외투를 입고 와
가만가만 들여다보고 가던 검버섯 핀
초로도 보이질 않는다

기한 없이 누워있는 영령 앞에
못다 한 울음을 챙겨
조문하는 봄비는
이른 철 앞에 머리 숙여 조곤조곤거린다

무안스런 얼굴로 마주한
목련의 성성한 모습이
한낮에 기대어
계절의 금이 간 사이로
날개를 말리며
죽음의 무덤 앞에서 안절부절이다

초로의 봄

길을 걸으며 천수경 한 소절 외우다
놓친 기억,
차라리 절 한 채 등에 업고 지낸다면
명치를 때리지는 않을 걸

겨우내 얼녹은 서릿발 차분히 갈아엎은
논밭 떼기에 철철이 심고 물물이 거두는
땀방울로 낮과 밤을 번갈아 건너뛴 삶,
목도리 걸치고 서보니
나뭇가지에 걸려있는 마른 이끼가
다하지 못한 말 입안에 가두고
바람에 흐느적거리는 무거운 저녁나절이 우수적이다

창 너머로 바라보며
토닥토닥 뜸 들인 봄이랑 한바탕 치룰
기다림도 사치일까
염치없는 우리들,
길의 한낮이 퍽 어둡게 보인다

열대야

찌든 더위 벗긴 소나기가 긋고 간 후
섬돌 아래 펄펄 끓어 넘친다,

머쓱하게 엎드린 채 있는
분주한 바람아, 도대체 너는 누구인가
강바람 다 풀어놓아도
쉽게 드러내지 못한 답답함
막막한 홍수로 거푸거푸
밤새도록 뜸 들여 말리는 지친 알몸이
속병 깊게 도져
뜬눈으로 걸망 풀고 일탈이 쪼아대는
밤의 정체성
수면제 걸어 낸 홑이불자락
훤히 내민 맨발만 자드락자드락

노을

서쪽하늘 넘치게 솟구친 성깔머리
갇혔던 침묵이 어둠을 풀며
멀게 서 있지 않은가
타는 아픔,
저물어 가는 여유도 없이
속빈 억새가
희끗희끗 긋고 있다
저 거만한 풍경
해거름 한 때가 점점….

오갈 데 없는 검버섯이 가린
가을빛 창이 서럽다.

구덕포의 새벽

두툼한 눈꺼풀로 해무를 덮은 개짐이
발칙하게 자리를 잡고 있다,
대마도 도착 완完자 도장 찍을 때까지

까딱까딱 졸음 덜 풀린 고깃배
붉은 지문을 뱃전에 붙인 채로
가자, 가

거릿대장군 엎드린 등골 위로
겻불내 연실 뿜어대며 참을 수도 미룰 수도 없는
소란스런 소리가 여명을 찢어놓지만
밤새도록 백내장을 핥고도
바다는 시치미를 뚝 뗀 채 쌀쌀맞게
쏘아붙이는 소리, 철썩

---

*거릿대장군 : 해운대구 송정동 구덕포 300년 된 소나무가 지면 따라 자라고 있으며 특히 소나무 껍질이 용 비늘 모양과 흡사하다 용왕과 거릿대장군 제를 해마다 지낸다.

을숙도에서

문득문득 가을이 망가져 가는 소리를 듣고 싶을 때
을숙도를 찾아간다,

발꿈치를 세워 법석 떠는 계절에
속속들이 야위지는 기억들이 스스로 몸을 떨며
얼큰한 낮술로 서걱대는 바람은
거룩 거룩하며 수녀의 목을 휘감는다
나 이럴 줄 알았다
딸랑딸랑 매달린 저것들
패색이 짙은 옹색한 뿌리가 거덜 나
쭈그리고 앉은 연기로 빠끔거리는
가을 거지가 푹 떠간 허전함
녹슨 갈대숲에 걸린 남루한 샛강 따라
해거름이 주렁주렁 들고 일어나
내 발목을 꽉 잡는다

저, 몸 달음

– 노을

이따금 모호해진 연륜이 쪼개대는
저녁나절 얕은 비문증이
토해내듯 수줍게 몸부림치던 날
비릿하게 기웃거린 빈곤의 비탈에서
토실하게 돋은 다람쥐꼬리가
여지없이 찾아오는 체온의 하소연
자전과 공전을 감당키 어려웠던가,
나팔꽃 스치는 요염한 몸짓이
되새김질로 비틀어 짜고 있는
유월의 밤나무 아래서
말라 바스러지는 두려움을
쉽게 드러내지 못할 미안한 나이에도
주체할 수 없는 연정은
지는 것이 아니라
피고 또 피고 있다는 것을

새벽시계

잔잔한 파도에 홀린 노을,
자다 깨다 한 새벽 실랑이로
귀때기 파란 우울증 이제,
표준시간이 되어
하얗게 흔들어 댄다
잦은 고장으로 수리점을 찾지 말아야지

재깍재깍
문틈으로 쏟아지는 무안한 빛의
파편을 맞으며
종잇장 귓바퀴를 감싼 초로가
장지문 밖에서 쿨럭쿨럭

홍련

*곰내 들녘을 쳐들고 빠끔 내다보는
서툰 해탈이
세상 밖으로 넌실넌실 피워댄다
높낮이 없이
육체의 망루를 피운 이상향
청명한 아침나절
은하로 행군 양수가 채 마르지 않은 얼굴로
낮술 거나하게 걸친 저것들,
시원한 작부 소리에 예의 아니게
건들건들
그래 말 안 해도 안다
저런 때가 있었으니
햇볕이 음산하게 토막을 내는 사이에도
한 잎 한 잎 훑아내는 교태
침침한 눈은 넘기다 그냥 두어도
가득히 펴다 붓는 햇살만큼 피고 있네

---

*곰내들 : 부산광역시 기장군 철마면 소재

파도

풀어헤친 바다를 보면서
마냥 자유롭다 생각할 일도 아니다.
객지를 떠돌다
망망대해 끄트머리의 방황
원시로 뒤돌아 가야 하나
자리를 바꾸면서까지
완강한 지탱과 결별의 처지가
고래 등이 되어
타고 넘는 불면의 밤은 깊고 길어
푸른 살 속을 헤치며
쉬지 않고 껌뻑껌뻑 치켜세운 저 눈썹,
거덜 나도록

동박새

꽃샘에 어찌 붉지 않겠나,

우울증에 걸린 해무가
고단한 햇볕을 베고 눕던 날
그 조그마한 것이 귓불에다
겁 없이 덤벼든다
그럴 때마다
교태를 풀어 놓기 바쁘게
넙죽넙죽 받아주는
창녀 빛 진홍색은
퍽 밝아 보인다
짓까불게 가벼운 몸이 꼭지가 돌도록
이 꽃 저 꽃을 뒤지며
염체 없는 날갯짓,

찾아올 봄 잊는다면 어쩔 수 없지만

저, 몸 닮음

지은이 김인태

—

인쇄일 2015년 7월 1일
발행일 2015년 7월 6일

—

펴낸이 박철수
펴낸곳 도서출판 해암

—

등록번호 제325-2001-000007호
주소 부산시 중구 백산길 17 삼성빌딩 702호
전화 051)254-2260, 2261
팩스 051)246-1895
전자우편 haeambook@hanmail.net

—

값 12,000원

ISBN 978-89-6649-073-8 03810

*이 도서의 국립중앙도서관 출판예정도서목록(CIP)은 서지정보유통지원시스템 홈페이지(http://seoji.nl.go.kr)와 국가자료공동목록시스템(http://www.nl.go.kr/kolisnet)에서 이용하실 수 있습니다. (CIP제어번호: CIP2015017593)